Matthias Fiedler

Idea novatae rerum immobilium adaequationis: Translatio rerum immobilium simplex reddita

Adaequatio rerum immoblium: Efficax, facilis strenuaque translatio rerum immoblium ope situs interretialis rebus immoblibus adaequandis dicati

Impressum

1.Editio ut liber impressus | Februarius MMXVII
(primo editus lingua germanica, December MMXVI)

© MMXVI Matthias Fiedler

Matthias Fiedler
Erika-von-Brockdorff-Str. 19
41352 Korschenbroich
Deutschland
www.matthiasfiedler.net

Productio et impressio:
Vide impressionem ultimae paginae

Figuratio religaturae: Matthias Fiedler
Productio libri electronici: Matthias Fiedler

ISBN-13 (charta): 978-3-947184-72-9
ISBN-13 (liber electronicus mobi): 978-3-947128-70-9
ISBN-13 (liber electronicus epub): 978-3-947128-71-6

Descriptio bibliographica biblithecae nationalis Germaniae.
Biblitheca nationalis Germaniae hunc librum in bibliographiam
nationalem Germaniae includit. Copiosa data bibliographica in
interrete inveniuntur inscriptione http://dnb.d-nb.de.

ARGUMENTUM

In hoc libro, computatis magni valoris (milliardorum Euro) summis venditorum possibilibus, ratio valde nova et inusitata enarratur situs interretialis rebus immobilibus adaequandis dicati (App – programma computatorium communicationis mobilis). Hic situs interretialis corpori programmatum inseritur, quod usui praediatorum exstruitur et aestimationem rerum immobilium comprehendit (summae venditorum billionum Euro possibiles sunt).

Ea ratione res immobiles domiciliis aut officinis inservientes non solum propriae, sed etiam locatae efficaciter velociterque transferri possunt. Haec est sors futura omnium praediatorum et omnium res immobiles petentium. Adaequatio rerum immobilium prope in omnibus civitatibus, immo ultra fines civitatum operatur.

Loco „portationis" rerum immobilium ad emptorem vel conductorem, in situ interretiali rebus immobilibus adaequandis dicato ii, qui res immobiles petunt, describuntur (sectura personalis petentis) et ad prediatorum res immobiles transferendas accomodantur et adiunguntur.

INDEX

PRAEFATIO

In anno MMXI hanc ideam hoc loco desmonstratam novatae rerum immobilium adaequationis sedulo perpendi et excolui.

Ex anno MCMXCVIII 1998 in oeconomia ad res immobiles spectante laboro (inter alia in translatione rerum immobilium, in emptione venditioneque, in aestimatione, in locatione et in terrae partium cultu). Inter alia, expertus sum oeconomiae rerum immobilium (IHK), oeconomicus rerum immobilium diplomate ornatus (ADI), peritus aestimationis rerum immobilium (DEKRA) et membrum commisionis rerum immobilium in toto orbe agnitae Regalis Institutionis Mensuratorum Chartatorum (MRICS).

Matthias Fiedler
Korschenbroich, d. XXXI., m. X., a. MMXVI
www.matthiasfiedler.net

1. Idea novatae rerum immobilium adaequationis: Translatio rerum immobilium simplex facta

Adaequatio rerum immobilium: Efficax, facilis strenuaque translatio rerum immoblium ope situs interretialis rebus immoblibus adaequandis dicati

Loco „portationis" rerum immobilium ad emptorem vel conductorem, in situ interretiali rebus immobilibus adaequandis dicato (App – programma computatorium communicationis mobilis) ii, qui res immobiles petunt, describuntur (sectura personalis petentis) et ad praediatorum res immobiles transferendas accomodantur et adiunguntur.

2. Fines res immobiles petentium et res immobiles offerentium

Respectu venditoris locatorisque rerum immobilium, magni momenti est eum rem immobilem cito et pretiose vendere vel locare.

Respectu petentis rem immobilem emere vel locare, magni momenti est eum rem immobilem optatam invenire atque cito et sine difficultate emere vel conducere posse.

3. Modus rerum immobilium petitionis adhuc praevalens

Ut solent, ii, qui petunt res immobiles in quadam plaga optata, has res in magnis sitibus interretialibus perspiciunt. Inde possunt res immobiles vel indicem, qui ligamina ad rerum immobilium descriptiones continet, litteris electronicis accipere, si secturam personalem petentis constituerunt. Saepe id in duobus vel tribus sitibus interretialibus ad res immobiles spectantibus faciunt. Deinde mos est petentibus offerentes litteris electronicis attingere. Eo modo offerentes occasionem capiunt et permissionem cum petentibus communicandi.

Praetera petentes unici a praediatoribus, qui in plaga optata laborant, attinguntur et sectura personalis semper reponitur.

Offerentes vel homines privati vel negotiatores sunt. Negotiatores sunt praecipue praediatores et partim societates ergolabicae aedificatorum, mercatores rerum immobilium et alii societates rebus immobilibus transferendis (in hoc libro negotiatores offerentes appellantur praediatores).

4. Incommoda offerentium privatorum / commoda praediatorum

In rebus immobilibus venditis saepius venditio non extemplo satisdata est a privatis venditoribus, quoniam, exempli gratia, abest consensus heredum de re immobili hereditate accepta vel quoniam syngrapha hereditatis abest. Deinde, dubiae quaestiones iuris, ut, inter alia, ius habitationis, venditionem impedire possunt.

In rebus immobilbus locatis potest contingere, ut locatores privati venias administrativas non comparaverint, exempli gratia, cum res immobilis (superficies) officinae inserviens pro domicilio locari debeat.

Si praediator ut offerens operatur, ea omnia plerumque iam fecit. Praeterea, saepe omnia documenta requisita (iconographia, tabula locationis, descriptio systematis energeticae, descriptio censoria praedii, veniae administrativae etc.) iam adsunt. – Quomodo venditio vel locatio cito et sine ambage evenire potest.

5. Adaequatio rerum immobilium

Ut petentes cum venditoribus vel locatoribus velociter efficaciterque adaequentur, generatim magni est momenti methodum ordinatam et ad certam disciplinam redactam sequi. Hic id fit contraria ratione vel, si vis, ordine petendi et inveniendi a praediatoribus et petentibus uso. Hoc est, loco „portationis" rerum immobilium ad emptorem vel conductorem, in situ interretiali rebus immobilibus adaequandis dicato (App – programma computatorium communicationis mobilis) ii, qui res immobiles petunt, describuntur (sectura personalis petentis) et ad praediatorum res immobiles transferendas accomodantur et adiunguntur.

Imprimis certam secturam personalem in situ interretiali rebus immobilibus adaequandis dicato constituunt petentes. Haec sectura personalis prope viginti attributa continet. Inter alia, haec sunt attributa securae personalis necessaria (haec recensio non omnia attributa comprehendit).

- Regio / Numerus cursualis / Locus
- Species obiecti
- Magnitudo praedii
- Superficies ad habitandum apta
- Pretium emptionis vel locationis
- Annus aedificandi
- Tabulatum
- Numerus cubiculorum
- Res locata (est / non est)
- Hypogeum (est / non est)
- Maenianum / xystus (est / non est)
- Modus calefactionis
- area stativa (est / non est)

Qua in re interest attributa non ad libitum conscribi, sed clavi muris pressa et area cuiusdam attributi (e.g. species obiecti) aperta attributa eligi ex indice praefiguratarum facultatum vel optionum (e.g. in specie obiecti: domicilium, domus unae familiae, horreum, officina...).

Ex voluntate petentes possunt alias secturas personales constituere. Mutatio secturae personalis quoque possibilis est.

Praeterea omnia data contagionis a petentibus in areis praeconfiguratis conscribuntur. Haec sunt: cognomen, praenomen, via, numerus aedis, numerus cursualis, locus, telephonum, cursus electronicus.
In quorum contextu, petentes assentiuntur a praediatoribus electronice attingi et idoneas rerum immobilium descriptiones accipere.

Porro, paciscuntur petentes cum administratori situs interretialis rebus immobilibus adaequandis dicati.

Re ultra progressa, suppetunt secturae personales mediante loco iunctionis programmationis (API – Application Programming Interface) – sicut, exempli gratia, locus iunctionis programmationis „openimmo" in Germania – praediatoribus situi interretiali adiunctis nondum apparentibus. Notandum est hic, quod debet iste locus iunctionis programmationis – quasi clavis ad exsecutionem – prope omne in praxi usum corpus programmatum adiuvare aut, aliter dictum, translationi praestare.

Si non adiuvat vel praestat, expediendum est hoc respectu rerum technicarum. – Cum loci iunctionis programmationis iam existant, sicut ille locus „openimmo" praedictus atque alii loci, qui in praxi utuntur, debet secturarum personalium translationem fieri posse.

Nunc comparant praediatores res immobiles, quas transferre debent, cum secturis personalibus petentium. Ad hunc finem, instruuntur res immobiles in situm interretialem rebus immobilibus adaeuqandis dicatum et accomodantur atque adiunguntur respectivis attributis. Accomodatione finita, adaequatio se dat cum aliquo indicio centesimarum. – Supra gradum adaeqationis, exempli gratia, L centesimarum, apparent secturae personales in corpore programmatum praediatorio.

In qua re, singula attributa penduntur (systemate punctorum) ita, ut adaequatis attributis certa portio centesimarum in adaequatione (verisimiltudo consensus) eveniat. – Exempli gratia, attributum „species objecti" maioris ponderis est attributo „superficies ad habitandum apta". Insuper, attributa quaedam (exempli gratia „hypogeum"), quae res immobilis debet possidere, eligi possunt.

Progressa adaequatione studendum est praediatoribus tantum ad regiones, quas optant (quas in tabulas retulerunt), concedere aditum. Id impensam datorum adaequationis redigit, praesertim cum singuli praediatores saepius in aliqua regione particulari agant. – Notandum est hic, quod „nube", quam dicunt, hodie conservatio atque pertractatio ingentium copiarum datorum possibilis est.

Ut praestetur germana translatio rerum immobilium, praediatores soli aditum ad secturas personales petentium obtinent.

Ad hunc finem, paciscuntur praediatores cum administratori situs interretialis rebus immobilibus adaequandis dicati.
Post adiunctionem / adaequationem licet praediatoribus petentes et vice versa petentibus praediatores attingere. Eo modo, etiamsi praediatores ad petentes descriptionem miserint, reponitur testimonium huius actionis, id est testimonium vindiciarum praediatorum de

mercede praemiali praediatoria in casu emptionis aut locationis.

Praesumptum est, quod praediator mandatum translationis rei immobilis accepit a domino (ab emptore vel a locatore) aut quod consensus est rem immobilem offere licere.

6. Area usus

Adaequatio rerum immobilium hic descripta potest adhiberi ad res immobiles venditas vel locatas in areis rerum immobilium domiciliis aut officinis inservientium. In rebus immobilibus officinis inservientibus addenda sunt attributa supplementaria.

A parte petentis potest quoque praediator operari, ut in praxi solitum est, si, exempli gratia, mandato clientis agit.

Quod ad dimensionem spatii attinet, situs interretialis rebus immobilibus adaequandis dicatus prope in omni civitati adhiberi queat.

7. Commoda

Haec adaequatio magna commoda petentibus affert, cum, exempli gratia, ii in sua regione (loco habitationus) aut, mutata professione, in alia urbe / regione rem immobilem ibi quaerant.

Semel secturam personalem constituunt et idoneae res immobiles a praediatoribus in optata plaga agentibus electronice accipiunt.

Eo modo, praediatoribus magna commoda quoque offeruntur, quod ad efficacitatem et servationem temporis in rebus immobilibus vendendis vel locandis attinet.

Ii conspectum immediate obtinent quantae sint alicuius petentis facultates emendi vel conducendi res immobiles a se offertas.

Porro, praediatores possunt directe attingere (inter alia, missione descriptionis rei immobilis) proprium gregem petitum, qui grex constitutione secturae de optata re immobili iam secum praecise cogitavit.

Eo modo, qualitas contactuum melior fit cum petentibus, qui sciunt quid quaerant. Ea ratione, numerus sequentium coventuum de inspectionibus deminuitur. – Et hoc modo, totum tempus mercaturae deminuitur in rebus immobilibus transferendis.

Denique, inspectatis a petentibus rebus immobilibus transferendis foedus emptionis sive locationis, ut solitum, fit.

8. Exemplum computationis (potentia) – tantum propria domicilia et propriae aedes (sine locatis domiciliis aedibusque et sine rebus immobilibus officinis inservientibus)

Hoc exemplo patet quantam potentiam habet situs interretialis rebus immobilibus adaequandis dicatus.

In regione systematis fluviorum cum CCL millia incolarum, ut Moenchengladbach, sunt numero statistice summatim comprehenso prope CXXV millia familiarum (duo incolae in familia).

Census medialis commigrationum in circiter X centesimarum efficit. Ita quotannis familiae XMMD millia in aliam domum commigrant. – Reliquum commigrationis *ab* vel *ad* Mönchengladbach hic non reputatur. – Quorum X millia familiae (LXXX centesimarum) rem immobilem locatam et MMD rem immobilem venditam quaerunt.

Secundum de foro praediorum renuntiationem commissionis censoriae urbis Moenchengladbach emptiones rerum immobilium anno MMXII MMDCXIII fuerunt. – Hoc numerum praedictum MMD rem immobilem emere petentium confirmat. Re ipsa plures erunt petentes propterea, quod, exempli gratia, nonnulli res immobiles non invenerint. Numerus aestimatus actu petentium et specialiter numerus secturarum personalium duplo maior erit mediali censu commigrationum, efficiente in circiter X centesimarum, id est XXV millia secturarum personalium petentium. Inter alia, hic numerus hypothesin includit, quod petentes plures secturas personales in situ interretiali rebus immobilibus adaequandis dicato constituent.

Debet mentio fieri, quod adhuc usu probato prope dimidium omnium petentium (emptores et conductores) rem immoblem mediante praediatore invenerunt, id est in toto VMCCL millia.

Quaesiverunt autem usu probato saltem LXX centesimarum omnium familirum ope sitibus interretialibus rebus immobilibus dicatis, id est VMMMDCCL in toto (XVMMD securae personales petentium).

Si XXX centesimarum omnium petentium – MMMDCCL in urbe magnitudinis Moenchengladbach (VMMD millia securae personales petentium) – suam securam personalem in situ interretiali rebus immobilibus adaequandis dicato (App – programma computatorium communicationis mobilis) constituerint, poterunt praediatores situi adiuncti quotannis idoneas res immobiles per MD securas personales petentium particulares (XX centesimarum) petentibus emere et per VM millia securas personales petentium particulares (LXXX centesimarum) petentibus conducere offerre.

Id est, tempore mediali petitionis X mensium et exemplari L euro singulis mensibus pretio secturae personalis constitutae a petentibus, efficitur cum VMMD millia secturarum summa potentialis venditorum prope IV (3.75) decies centena milia euro quotannis in urbe cum CCL millia incolarum.

Computatione generali facta de Republica Foederata Germaniae cum LXXX decies centena millia incolarum (numero summatim comprehenso), efficitur summa venditorum potentialis ultra unum milliardum (1.2) quotannis. – Si loco XXX centesimarum, exempli gratia, XL centesimarum omnium petentium res immobiles per situm interretialem rebus immobilibus adaequandis dicatum quaesiverunt, augebitur potentia summarum venditorum et assequitur prope duo milliarda euro (1.6) quotannis.

Haec summa potentialis venidtorum ad sola propria domicilia et ad solas proprias aedes spectat. Res immobiles locatae aut ad fructum spectantes in area rerum immobilium domiciliis inservientium et tota area rerum immobilium officinis inservientium in hoc computatione potentiae non includuntur.

Numero rato L millia societatum ergolabicarum in area rerum transferendorum immobilium operantium (una cum participibus societatibus aedificatorum, mercatoribus rerum immobilium et aliis societatibus ad res immobiles spectantibus) cum CC millia operarium et cum exemplari portione XX centesimarum horum societatum ergolabicarum, quae numero summatim comprehenso duobus licentiis hoc situ interretiali rebus immobilibus aequandis dicato utuntur, exemplari pretio CCC euro singulis mensibus pro una licentia efficitur tota summa potentialis venditorum LXXII decies centena milia euro quotannis. Insuper regionalis perscriptio debet fieri ita, ut hic magna summa venditorum potentialis satisdari possit prout res figurata sit.

Hac magna copia petentium, qui secturas personales particulares possident, iam non necesse est praediatores suum repositorium perpetuo novare, quoniam repositorium semper recens est. Praesertim cum hic numerus secturarum personalium actu existentium probabiliter maior erit numero secturarum constitutarum repositoriis multorum praediatorum.

Si hic novatus situs interretialis rebus immobilibus aequandis dicatus ad plures civitates adhibetur, poterunt, exempli gratia, petentes emere Germani constituere secturam personalem de petitione conclavium usui feriarum in insula maris mediterranei Maiorica et praediatores in Maiorca situi adiuncti poterunt idoneum conclave petentibus Germanis litteris electronicis ostendere. – Si descriptiones missae lingua

Hispanica conscriptae sunt, possunt hodie petentes in interrete ope programmatibus translationis eorum textum ex tempore germanice vertere.

Ut fiat adaequatio secturarum personalium petentium ad res immobiles transferendas libera limitationum linguarum, potest in situ interretiali rebus immobilibus adaequandis dicato adiunctio attributorum singulorum fieri ex programmatis (mathematicis) attributis – praeter linguam – et lingua postea assignabitur.

Situ interretiali rebus immobilibus adaequandis dicato ad omnes continentes terrae adhibito, praedicta summa venditorum potentialis (tantum petentium) computatione generali hoc modo facile demonstrari potest.

Numerus incolarum mundi:

7.500.000.000 (7,5 milliarda) incolarum

1. Numerus incolarum in civitatibus industrialibus et civitatibus industrialibus crescentibus

   2.000.000.000 (2,0 milliarda) incolarum

2. Numerus incolarum in civitatibus modo ad industriam transitis

   4.000.000.000 (4,0 milliarda) incolarum

3. Numerus incolarum in civitatibus provectibilibus

   1.500.000.000 (1,5 milliarda) incolarum

Summa annua venditorum potentialis in Republica Foederata Germaniae quantitatis 1,2 milliardorum euro pro LXXX decies centena millia incolarum de civitatibus industrialibus, de civitatibus modo ad industriam transitis et de civitatibus provectibilibus his factoribus praesumptis generaliter computatur.

1. Civitates industriales: 1,0

2. Civitates modo ad industriam transitae: 0,4

3. Civitates provectibiles: 0,1

Eo modo haec annua summa venditorum potentialis efficitur (1,2 milliarda euro x numerus incolarum (civitates industriales, modo ad industriam transitae, provectibiles) / 80 LXXX decies centena millia x factor).

1. Civitates industriales: 30,00 milliarda euro

2. Civitates modo ad
   industriam transitae: 24,00 milliarda euro

   3. Civitates provectibiles: 2,25 milliarda euro

   In toto: **56,25 milliarda euro**

9. Conclusio generalis

Demonstratus situs interretialis rebus immobilibus adaequandis dicatus commoda magna petentibus res immobiles (petentes) et praediatoribus affert.

1. Petentibus tempus petitionis idonearum rerum immobilium manifeste deminuitur, quod ii semel solum secturam suam personalem constituunt.
2. Praediatores conspectum obtinent numeri petentium, qui iam desideria specifica habent (sectura personalis).
3. Petentes solum optatas sive idoneas (secundum secturam personalem) res immobiles obtinent, quae ab omnibus praediatoribus demonstratae sunt (sub specie automaticae praeselectionis).

4. Praediatores impensam redigunt repositorii sectorarum curandi, quia magnus numerus secturarum personalium petentium actu existentium perpetuo sibi suppetit.

5. Cum offerentes negotiatores / praediatores situi interretiali rebus immobilibus adaequandis dicato adiuncti sint, petentes in sinceros et saepe peritos translatores rerum immobilium incidunt.

6. Praediatores numerum conventuum de inspectione et generaliter tempus mercaturae redigunt. Rursus ex parte petentium redigitur numerus conventuum de inspectione et tempus usque ad pactum emptionis vel conductionis.

7. Possesores rerum immobilium, quae debent vendi vel locari, quoque tempus conservant. Insuper, citiore locatione vel venditione tempus vacantiae rei immobilis locatae deminuitur et solutio pretii rei

immobilis venditae ex tempore fit, quod iterum commodum est pecuniarium.

Hac idea situs interretialis rebus immobilibus adaequandis dicati ad effectum adducta vel actualiter facta, progressus significans in translatione rerum immobilium adipisci potest.

10. Insertio situs interretialis rebus immoblibus adaequandis dicati in novum corpus programmatum una cum aestimatione rerum immobilium

Haec perfectio proponitur: situs interretialis rebus immobilibus adaequandis dicatus, qui hic descriptus est, potest vel debet ab initio pars constitutiva esse novi corporis programmatum, quod usui praediatorum exstruatur et modo ideato in toto orbe utatur. Id est, praediatores possunt vel situm interretialem rebus immobilibus adaequandis dicatum iam a se usi corpori programmatum addere, vel modo ideato novo corpore programmatum, quod situm interretialem dicatum includat, uti.

Inserto situ interretiali rebus immobilibus adaequandis dicato in corpus programmatum, signum grave unicum producitur corporis programmatum, quale divulgationis in commercio praecipue intererit.

Cum aestimatio rerum immobilium in rerum immobilium traslationis semper pars constiutiva sit et maneat, necesse est instrumentum aestimationis rerum immobilium utique corpori programmatum inseri.

Aestimatio rerum immobilium potest necessariis computationibus per ligamina datis / parametris rerum immobilium a praediatoribus insertorum / constitutorum niti. Si necesse est, praediator parametra ommissa adimplet sua propria peritia commercii regionis.

Insuper, debet corpus programmatum opportunitatem offerre virtualium ambulationum, quas dicant, rerum immobilium transferendorum. Id potest specie simplificata effici cum productione supplementariae App (programma computatorium communicationis mobilis) de telephono mobili / disco ministrante, quae recordata virtuali ambulatione istam in corpus programmatum praecipue modo automatico inserit vel includit.

Si efficax et novatus situs interretialis rebus immobilibus adaequandis dicatus in corpus programmatum inseritur una cum aestimatione rerum immobilium, manifeste augetur denuo summa potentialis venditorum.

Matthias Fiedler

Korschenbroich, d. XXXI. m.X.   a. MMXVI

Matthias Fiedler

Via Erika-von-Brockdorff. 19

41352 Korschenbroich

Germania

www.matthiasfiedler.net

www.ingramcontent.com/pod-product-compliance
Lightning Source LLC
Chambersburg PA
CBHW071527210326
41597CB00018B/2919